westermann

Buchstabenheft 3
Grundschrift

Erarbeitet von

Miriam Jacobs
Insa Scheller
Caroline Tautz

in Zusammenarbeit mit der
Westermann-Grundschulredaktion

Unter Beratung von

Dominique Bielau
Christiane Kalenbach
Nadine Pistor
Bettina Sievert
Prof. Dr. Anja Wildemann

Illustriert von

Anke am Berg und Antje Hagemann

Flex und Flora 1
Deutsch

Inhaltsverzeichnis

Seite

G g
G/g motorisch erfassen, visuell diskriminieren und schreiben; Wörter schreiben ... 4
G/g und Silben auditiv analysieren ... 5
G/g lesen (Wörter, Sätze und Texte); Sätze schreiben ... 6

Z z
Z/z motorisch erfassen, visuell diskriminieren und schreiben; Wörter schreiben ... 8
Z/z und Silben auditiv analysieren ... 9
Z/z lesen (Sätze und Text); Sätze schreiben ... 10

Eu eu
Eu/eu motorisch erfassen, visuell diskriminieren und schreiben; Wörter schreiben ... 12
Eu/eu und Silben auditiv analysieren; Reimwörter bilden ... 13
Eu/eu lesen (Wörter, Sätze und Text); Wörter und Sätze schreiben ... 14

ch
ch motorisch erfassen, visuell diskriminieren und schreiben; Wörter schreiben ... 16
ch auditiv analysieren ... 17
ch lesen (Sätze und Texte); Satz schreiben ... 18

ie
ie motorisch erfassen, visuell diskriminieren und schreiben; Wörter schreiben ... 20
ie und Silben auditiv analysieren; Reimwörter bilden ... 21
ie lesen (Wörter, Sätze und Texte); Wörter, Sätze und Text schreiben ... 22

B7

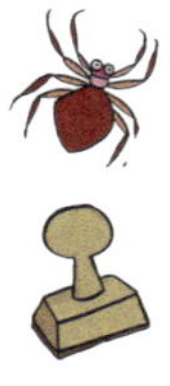

Sp sp / St st
Sp/sp motorisch erfassen, visuell diskriminieren und schreiben; Wörter schreiben ... 24
St/st motorisch erfassen, visuell diskriminieren und schreiben; Wörter schreiben ... 25
Sp/sp und St/st auditiv analysieren und lesen (Wörter und Sätze) ... 26
Sp/sp und St/st lesen (Sätze und Text); Satz schreiben ... 27

J j
J/j motorisch erfassen, visuell diskriminieren und schreiben; Wörter schreiben ... 28
J/j und Silben auditiv analysieren ... 29
J/j lesen (Sätze und Text); Sätze schreiben ... 30

V v
V/v motorisch erfassen, visuell diskriminieren und schreiben; Wörter schreiben ... 32
V/v auditiv analysieren ... 33
V/v lesen (Wörter, Sätze und Text); Wörter schreiben ... 34

Ö ö / Ü ü / Ä ä / äu
Ö/ö motorisch erfassen, visuell diskriminieren und schreiben; Wörter schreiben ... 36
Ö/ö und Silben auditiv analysieren; Reimwörter bilden ... 37
Ü/ü motorisch erfassen, visuell diskriminieren und schreiben; Wörter schreiben ... 38
Ü/ü und Silben auditiv analysieren ... 39
Ä/ä motorisch erfassen, visuell diskriminieren und ableiten (Mehrzahl) ... 40
äu motorisch erfassen, visuell diskriminieren und ableiten (Mehrzahl) ... 41
Ö/ö, Ü/ü, Ä/ä und äu lesen (Wörter, Sätze und Texte); Satz schreiben ... 42

B8

Seite

Pf pf

Pf/pf motorisch erfassen, visuell diskriminieren und schreiben; Wörter schreiben 44
Pf/pf und Silben auditiv analysieren; Reimwörter bilden 45
Pf/pf lesen (Sätze und Texte); Sätze schreiben 46

Qu qu

Qu/qu motorisch erfassen, visuell diskriminieren und schreiben; Wörter schreiben 48
Qu/qu auditiv analysieren und lesen (Wörter); Reimwörter bilden 49
Qu/qu lesen (Sätze und Text); Sätze schreiben 50

ß

ß motorisch erfassen, visuell diskriminieren und schreiben; Wörter schreiben 52
ß lesen (Wörter und Sätze); Wörter schreiben 53

C c

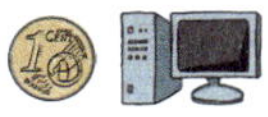

C/c motorisch erfassen, visuell diskriminieren und schreiben; Wörter schreiben 54
C/c lesen (Wörter, Sätze und Text) 55

Y y

Y/y motorisch erfassen, visuell diskriminieren und schreiben; Wörter schreiben 56
Y/y auditiv analysieren und lesen (Wörter und Text); Wörter schreiben 57

B9

X x

X/x motorisch erfassen, visuell diskriminieren und schreiben; Wörter schreiben 58
X/x lesen (Sätze und Text) 59

ng / tz / ck / nk

ng motorisch erfassen, visuell diskriminieren und schreiben; Wörter schreiben 60
ng lesen (Wörter, Sätze und Text) 61
tz motorisch erfassen, visuell diskriminieren und schreiben; Wörter schreiben 62
tz lesen (Wörter und Sätze); Wörter schreiben 63
ck motorisch erfassen, visuell diskriminieren und schreiben; Wörter schreiben 64
ck lesen (Wörter und Sätze); Wörter schreiben 65
nk motorisch erfassen, visuell diskriminieren und schreiben; Wörter schreiben 66
nk lesen (Wörter und Sätze); Wörter schreiben 67

B10

Das kann ich jetzt 68

Floras Grundwortschatz 70

G g

Datum: ____________

1

2

Gabriel hatte gestern Geburtstag.
Er hat eine gelbe Geige bekommen.

3

G G

g g

Geld

gehen

4

117

G/g motorisch erfassen, visuell diskriminieren und schreiben
Wörter mit G/g schreiben
2 Sätze lesen und abschreiben

Fö 135, 142

Datum: ______________

1

G

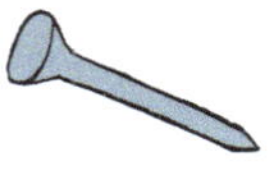

2

a e i
o u

Fotograf

geben

gehen

Regenwurm

Fotograf

3

G g

Datum: ____________

1

- [ ] Regal
- [ ] Regel
- [ ] Regen

- [ ] Garten
- [ ] Gurke
- [ ] Giraffe

- [ ] Kindergarten
- [ ] Wintergarten
- [ ] Kinderwagen

- [ ] gelb
- [ ] grau
- [ ] blau

2

- [ ] Auf dem Regal ist Hagel.
- [ ] Auf dem Regal ist ein Nagel.
- [ ] Auf dem Regal ist eine Gabel.

- [ ] Geros Regenmantel ist gelb.
- [ ] Geros Regenschirm ist gelb.
- [ ] Geros Regenwurm ist gelb.

1

Ein rotes Boot segelt auf dem Wasser.
Es hat blaue Segel.
Drei graue Wolken sind am Himmel.

2 **Wer mag was?**

Greta mag Gurken.
Emil mag Regen und Gewitter.
Bilge mag Blumen und Eis.
Lotta mag Giraffen und Igel.

3 Was mag Emil?

- [ ] Emil mag Blumen und Eis.
- [ ] Emil mag Regen und Gewitter.

4 Was magst du?

____
Unterschrift Partnerkind

Zz

Datum: ______________

1

2

Der Zirkus Zaranzi ist da.
Alle wollen zu Zauberer Zoran.

3

Zz Zz

Zoo

Zimmer

zwei

4

121

Z/z motorisch erfassen, visuell diskriminieren und schreiben
Wörter mit Z/z schreiben
2 Sätze lesen und abschreiben

Fö 136, 143

Datum: ____________

1

Z

2

a e i
o u

Zweige

Brezel

Zitrone

Zauberer

Zweige

3

Z z 

Datum: ______________

1

Das Zelt ist blau.

Eine Zitrone ist gelb.

Am Zaun klebt ein Zettel.

Im Korb sind braune Pilze.

2

- [ ] Zwei Zauberer zaubern auf einem Berg.
- [ ] Zwei Zwerge zappeln auf einem Baum.
- [ ] Zwei Zebras fressen unter einem Baum.

Datum: ________________

1 Der Zirkus

Zirkus Zaranzi ist da.

Zwei Affen tanzen auf einem Seil.
Zauberer Zoran zaubert
einen schwarzen Hasen aus dem Hut.
Zwei Frauen turnen am Trapez.

Am Ende klatschen alle laut.
Das war ein tolles Programm.

2 Was zaubert Zauberer Zoran?

- [ ] Zoran zaubert eine blaue Hose.
- [ ] Zoran zaubert einen schwarzen Hasen.
- [ ] Zoran zaubert einen braunen Hasen.

3 Wer turnt am Trapez?

4 Was kennst du aus dem Zirkus?

____
Unterschrift Partnerkind

Eu eu 

Datum: ____________

1

2

Neun Eulen heulen in der Scheune.
Im Heu liegt eine Kuh mit vollem Euter.

3

Eu Eu

eu eu

neu

 Freunde

4

125

Eu/eu motorisch erfassen, visuell diskriminieren und schreiben
Wörter mit Eu/eu schreiben
2 Sätze lesen und abschreiben

Fö 137, 144

Datum: ______________

1

	eu

2

Freunde Europa neun

Eule Heu Freude

Leute Euro Beule

3

Heu

n

Feuer

t

Eu eu

Datum: ____________

1

- [ ] Freunde
- [ ] Feuer
- [ ] Freude

- [ ] Euro
- [ ] Eule
- [ ] Euter

- [ ] neu
- [ ] neun
- [ ] nein

- [ ] Leute
- [ ] Beute
- [ ] Beule

2

Zwei Kinder sind am Feuer.
Ein Flugzeug ist am Himmel.
Eine Eule schaut aus dem Baum herunter.

Datum: ______________

1

Meine Freundin/mein Freund

Name: Eugen

Alter: 7

Augenfarbe: braun

Haarfarbe: schwarz

Das tun wir gern:

Wir klettern gern im Heu.

Daher kennen wir uns:

Wir kennen uns aus der Eulenklasse.

2

Meine Freundin/mein Freund

Name: ______________

Alter: ______________

Augenfarbe: ______________

Haarfarbe: ______________

Das tun wir gern:

____

Daher kennen wir uns:

____

ch

Datum: ____________________

1

2

Achmet kocht sich einen Pudding.
Er braucht noch etwas Milch.

3

ch ____________________ ch

 Milch ____________________

 Buch ____________________

 ich ____________________

4

____

129

ch motorisch erfassen, visuell diskriminieren und schreiben
Wörter mit ch schreiben
2 Sätze lesen und abschreiben

Fö 138, 145

Datum: ______________

1

ch			

2

 Bauch

 lachen

 Elch

 Teich

 Becher

 kochen

ch in Milch	ch in Buch
Elch	

ch

Datum: ______________

1

Auf dem brauchen Teich schwimmen drei Enten.

Achim und seine Mutter munter kochen Milchreis.

Peinlich eine Prinzessin reitet auf einem Drachen.

Ich mag Erdbeerkuchen Gabel mit Sahne.

2

In der Nacht scheint der Mond.
Eine Fledermaus flattert im Licht der Laterne.

3

☐ Lea und Lilli kochen zusammen.

☐ Lea und Lilli lachen zusammen.

☐ Lea und Lilli suchen zusammen.

1 Drachen-Buch-Tipps

1 

2 

◯ Fibi ist eine echte Prinzessin.
Fibi will aber nicht Prinzessin sein.
Eines Tages macht sich Prinzessin Fibi
auf den Weg zu einem Drachen.

◯ Philipp kann es kaum glauben.
Aus seinem Buch kommen
ein netter Mondscheindrache
und ein furchtbarer Ritter.
Beide rasen durch sein Zimmer.
Auf einmal wird Philipp ganz klein.

2 Was ist Fibi?

- ☐ Fibi ist eine Prinzessin.
- ☐ Fibi ist eine Pilotin.

3 Was kommt aus Philipps Buch?

- ☐ Aus Philipps Buch kommt ein Sonnenscheindrache.
- ☐ Aus Philipps Buch kommt ein Mondscheindrache.

Datum: ______________

1

2

Die Riesen liegen auf der Wiese.
Sieben Fliegen fliegen um sie herum.

3

ie ie

die Biene

fliegen

sieben

4

133

ie motorisch erfassen, visuell diskriminieren und schreiben
Wörter mit ie schreiben
2 Sätze lesen und abschreiben

Fö 139-141, 146

1

a e i
o u

der
die
das

der Liebesbrief   der Riese

die Wiese   die Fliege

das Liederbuch

der Bienenkorb

der Liebesbrief

2

Wiese

Fliege

Datum: ______________

1

der Diener

die Zwiebel

das Lied

der Brief

das Riesenrad

die Ziege

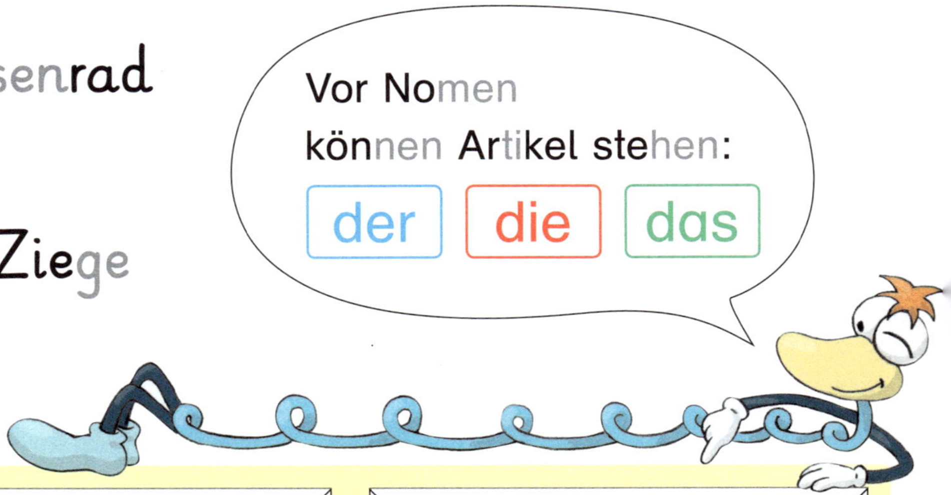

der	Diener	
die		
das		

2

☐ Der Riese liegt auf einer Wiese.

☐ Die Ziege liegt auf einer Wiese.

☐ Die Ziege liest einen Brief.

____

Datum: ____________

1 Die Kinder der 1a haben Briefe geschrieben.

Lieber Leon,
willst du in der Pause
eine riesige Sandburg bauen?
Fiete

Liebe Marie,
du bist meine liebste Freundin.
Atena ♡ ♡ ♡ BFF

Liebe Frieda,
kommst du am Dienstag
mit in den Tierpark?
Sofie

Lieber Benno,
ich freue mich. Ich habe
beim Tischtennis gesiegt.
Am Mittwoch ist wieder
ein Turnier. Kommst du mit?
Amelie

2 An wen willst du schreiben?

3 Schreibe einen Brief.

B7

Sp sp

Datum: ______________

1

2

Rieke spielt gern spannende Spiele.
Anna mag lieber Sport.

3

Sp Sp

sp sp

die Spinne

spielen

4

138

Sp/sp motorisch erfassen, visuell diskriminieren und schreiben
Wörter mit Sp/sp schreiben
2 Sätze lesen und abschreiben

KV 80-81
Fö 157, 169

St st

Datum: ____________

1

St st

2

Stefan und Steffi starren die Sterne an.
Beide staunen über die Sternschnuppen.

3

St St

st st

 der Stift

 stehen

4

Sp sp  St st 

Datum: ____________

1

 ernschnuppe

 ort

 inne

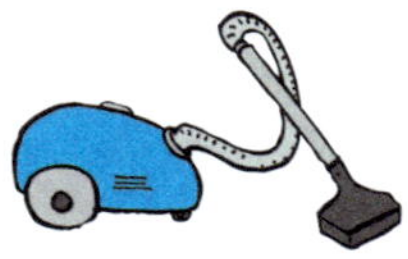 aubsauger

 iefel

 orch

 iegel

 ift

 ein

 aten

2

~~Sofa~~

Am Himmel stehen funkelnde ~~Stall~~ Sterne.

Ich beobachte fliegen einen Specht.

Auf dem Stein riesig krabbelt eine Spinne.

Meine Lehrerin stempelt mein Heft kochen.

Sp und St auditiv analysieren
Sp/sp und St/st lesen (Wörter und Sätze)

Datum: ______________

1

- [ ] Mama und Opa gehen spazieren.
- [ ] Mama und Opa sprechen mit Steffi.
- [ ] Mama und Opa spielen Spiele.

2

Der Stall hat ein rotes Dach.
Die Leiter hat sieben Sprossen.
Unter einem Stapel Holz ist eine schwarze Spinne.
Neben dem Stall liegen zwei schwarze Steine.
Das Stachelschwein hat braune Stacheln.

J j

Datum: ____________

1

2

Jan und Katja spielen mit dem Jo-Jo.
Maja macht lieber jeden Tag Judo.

3

J J

j j

der Juli

jeder

4

142

J/j motorisch erfassen, visuell diskriminieren und schreiben
Wörter mit J/j schreiben
2 Sätze lesen und abschreiben

Fö 161, 170

Datum: ______________

1

J

2

a e i o u

der die das

der Januar

der Juni

das Jo-Jo

die Juwelen

der Januar

3

Jj

Datum: ____________________

1 **Ja oder nein?**

	ja	nein
Ist Jupiter ein Planet?	☐	☐
Kann ein Jaguar bellen?	☐	☐
Sind Juni und Juli Monate?	☐	☐
Ist Japan ein Land?	☐	☐
Kann ein Jo-Jo jaulen?	☐	☐
Schneit es im Sommer jeden Tag?	☐	☐

2

~~Sofa~~

Der Dieb hat ~~Monat~~ Juwelen gestohlen.

Katja jagt heute hinter jedes Jan her.

Jana spielt mit ihrem einkaufen neuen Jo-Jo.

Ich liebe Jogurt mit Blaubeeren offen.

3

☐ In Japan schleicht Jan durch den Wald.

☐ Der Januar schleicht durch den Wald.

☐ Der Jaguar schleicht durch den Wald.

____

Datum: ______________

1 Jonas ist neu

Jonas ist sieben Jahre alt.
Er ist im Januar mit seinen Eltern nach Jaburg gezogen.
Am Montag wird er in seine neue Schule gehen.
Ob jemand sein Freund sein will?

In der Klasse schauen alle Kinder Jonas an.
Erst sagt kein Kind etwas. Es ist ganz still.
Auf einmal rufen zwei Kinder am Fenster:
„Komm zu uns! Allein sein ist doof!“
Jonas freut sich.
Die Kinder sind ja wirklich nett!

2 Wann ist Jonas umgezogen?

- [ ] Jonas ist im Januar umgezogen.
- [ ] Jonas ist im Juni umgezogen.

3 Wann wird Jonas in seine neue Schule gehen?

____

____

4 Wie geht es dir, wenn du irgendwo neu bist?

____
Unterschrift Partnerkind

Datum: ____________

1

2

Ein Vogel landet auf dem Klavier.
Vorsicht, die wertvolle Vase kippt gleich um!

3

Vv Vv

der Vogel

die Vase

viel

4

146

V/v motorisch erfassen, visuell diskriminieren und schreiben
Wörter mit V/v schreiben
2 Sätze lesen und abschreiben

Fö 162, 171

Datum: ____________

1 der die das

V kann wie **F** klingen: Vogel.

V kann wie **W** klingen: Vase.

 das Vogelhaus

 der Vampir

4 vier

 der Verband

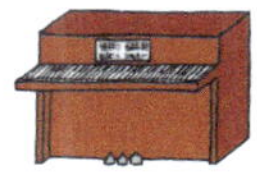 das Klavier

 der Pullover

 der Vater

 der Vulkan

V v wie in Vogel	V v wie in Vase
das Vogelhaus	

Vv  

Datum: ____________

1

- ☐ eine Burg
- ☒ viele Burgen

viele Burgen

- ☐ ein Dieb
- ☐ viele Diebe

- ☐ ein Kind
- ☐ viele Kinder

2

Mein Vater
hat mir das Buch
Der kleine Vampir
vorgelesen.

Ich will im Internet
Informationen zu
Vampiren suchen.

Zum Geburtstag habe ich
das Spiel *Vampire der Nacht*
bekommen.

Datum: ______________

1 Die Vampir-Villa

Eva und Tom lieben Vampirgeschichten.
Eines Nachts im November will Eva beweisen,
dass es Vampire wirklich gibt.

Bei Vollmond trifft sie sich mit Tom
an der alten Vampir-Villa.
Das Tor ist offen.
In der Villa machen die Kinder
die Taschenlampen an.
Sie leuchten hinter ein altes Klavier.
Sie leuchten in jeden Raum.

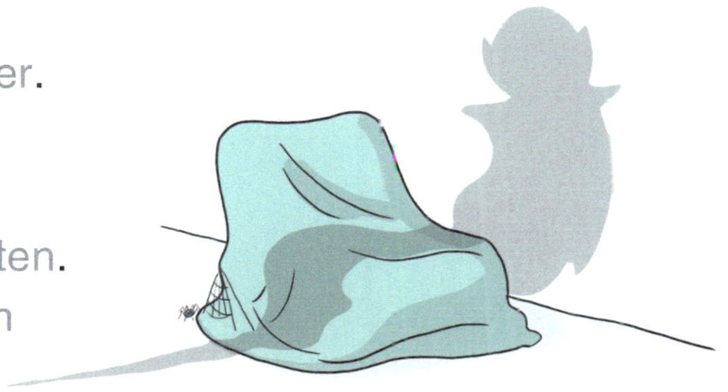

Auf einmal sehen sie einen Schatten.
Eva und Tom folgen dem Schatten
bis zu einer Treppe.
Sie schleichen mutig die Treppe hinunter.
„Vorsicht, Tom!“, ruft Eva.

2 Was sehen Eva und Tom in der Villa?

- [ ] Eva und Tom sehen einen Vogel.
- [ ] Eva und Tom sehen einen Schatten.

3 Was passiert in der Geschichte?

4 Was ist wohl unten an der Treppe?

____
Unterschrift Partnerkind

Ö ö

Datum: ____________________

1

2

Der schöne König hat zwölf Löffel.
Er öffnet Ölsardinen mit seinem Öffner.

3

Ö ö Ö ö

 der Löffel

12 zwölf

schön

4

Ö/ö motorisch erfassen, visuell diskriminieren und schreiben
Wörter mit Ö/ö schreiben
2 Sätze lesen und abschreiben

Fö 163, 172

Datum: ______________

1

	ö

2

a e i o u

der die das

die Flöte — das Löwenmaul — die Königin

der Körper — die Möwe — der Flötenton

die Flöte

3

Möwe — Kröte

Ü ü 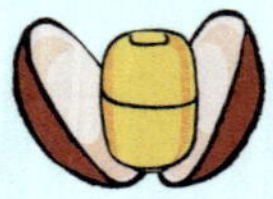

Datum: ____________________

1

2

Über dem Tümpel sitzen fünf Frösche.
Abends hüpfen sie müde zum Wasser.

3

Ü ü Ü ü

 das Gemüse

 üben

5 fünf

4

152

Ü/ü motorisch erfassen, visuell diskriminieren und schreiben
Wörter mit Ü/ü schreiben
2 Sätze lesen und abschreiben

Fö 164, 167, 173

Datum: ____________

1

a e i
o u

ü e

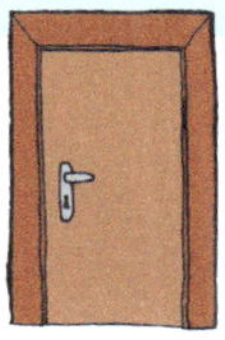

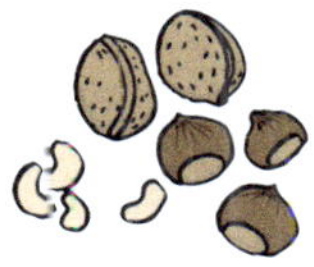

5

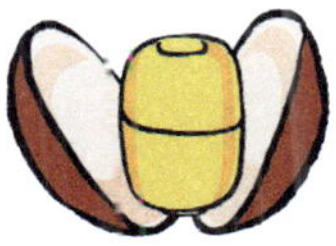

2

a e i
o u

der
die
das

die Schülerin   die Tüte   die Bücher

der Flügel   das Würfelspiel   das Gemüse

die Schülerin

Ä ä

Datum: ______________

1

2

Bären laufen durch Wälder und Täler.
Sie fischen in Bächen und fressen Äpfel.

3

Ä ä Ä ä

Aus A a wird Ä ä.

4

ein Ast	viele Äste
ein Ball	viele
eine Hand	viele

155 - 157

Ä/ä motorisch erfassen, visuell diskriminieren und ableiten

2 Sätze lesen und abschreiben

KV 95 - 96
Fö 165, 174

äu

Datum: ______________

1

2

Läuse träumen auf grünen Zäunen.
Mäuse träumen hinter hohen Bäumen.

3

äu ………………………………………… äu

Aus au wird äu.

4

Einzahl	Mehrzahl
ein Baum	viele Bäume
ein Haus	viele
eine Maus	viele

Ö Ü Ä äu

Datum: ____________

1

- ☐ die Ärmel
- ☐ die Äste
- ☐ die Ärzte

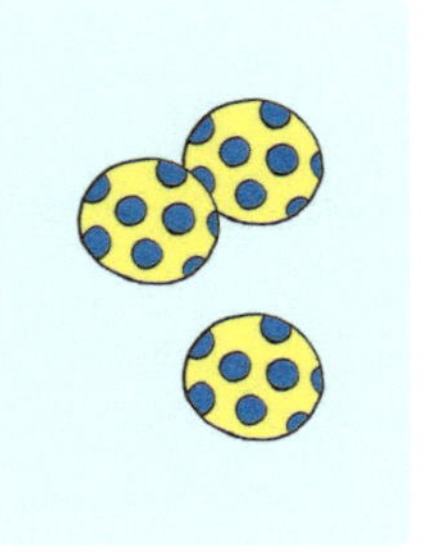

- ☐ die Bäuche
- ☐ die Bären
- ☐ die Bälle

- ☐ der Körper
- ☐ der König
- ☐ der Käse

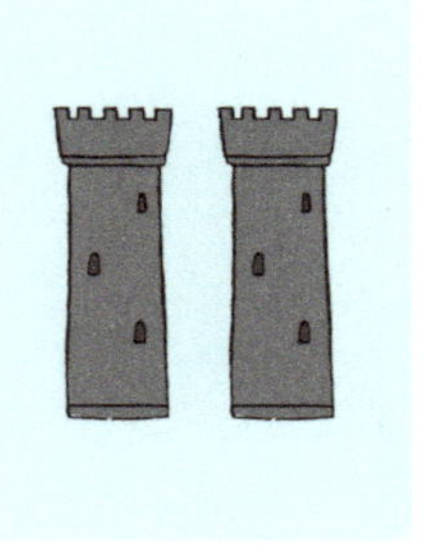

- ☐ die Türen
- ☐ die Tüten
- ☐ die Türme

2

Die Büsche sind grün. Die Blüten sind gelb.
Fünf Käfer mit kleinen Flügeln krabbeln im Gras.

3

- ☐ Das Mädchen ist sehr müde.
- ☐ Das Mädchen isst gern Gemüse.
- ☐ Das Mädchen liest gern Bücher.

Datum: ______________

1 Bäume

Im Winter sind keine Blätter an den Bäumen.
Die Äste der Bäume sind ganz leer.

Im März kann man überall an den Ästen
kleine grüne Blätter sehen.
Im April öffnen sich viele bunte Blüten. Das ist schön.

Im Sommer tragen die Bäume und Sträucher
erste Früchte. Viele Blumen blühen.

Im Herbst sind die Birnen reif.
An den Bäumen färben sich die Blätter bunt.

2 Was kann man im März sehen?

☐ Im März kann man kleine bunte Blätter sehen.

☐ Im März kann man kleine grüne Blätter sehen.

3 Wie sehen die Bäume im Herbst aus? Male.

B8

Pf pf

Datum: ____________

1

2

Die pfiffige Janne macht Pfannkuchen.
Dazu gibt es Äpfel und Pflaumen.

3

Pf Pf

pf pf

das Pferd

der Apfel

4

Pf/pf motorisch erfassen, visuell diskriminieren und schreiben
Wörter mit Pf/pf schreiben
2 Sätze lesen und abschreiben

Datum: ________________

1

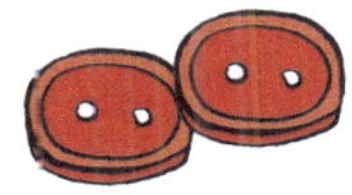

Pf	

2

a e i o u

der die das

die Pflanze · der Pfirsichkern · die Pflaume

das Pflaster · der Pferdestall · der Pflaumenbaum

die Pflanze

3

Pfanne

Kopf

Pf pf

Datum: ____________

1

Sofa

Heute ~~komisch~~ spiele ich mit Pfeil und Bogen.

Meine reiten Freundin hat ein eigenes Pferd.

Im Obstkorb liegen Äpfel und Pflaumen Kern.

Vom Himmel nass fallen Regentropfen.

2

Die Frau trägt ein Hemd mit roten Knöpfen.
Sie hält einen grünen Topf in den Händen.
Am Arm klebt ein kleines Pflaster.

3

☐ Der Gärtner pflegt den Pflaumenbaum.

☐ Der Gärtner sammelt Äpfel auf.

☐ Der Gärtner pflanzt einen Pfirsichbaum.

Datum: ____________

1 Projektwoche in der Schule

In der nächsten Woche ist Projektwoche.
Jonas würde sich am liebsten im Kochkurs anmelden.
Dort werden Pfannkuchen gemacht.

Emre findet Pferde toll. Er möchte alles über Pferderassen und Pferdepflege lernen.

Senta liebt alle Tiere. Sie hat sich das Projekt „Tiere auf vier Pfoten“ ausgesucht.

Nur Matti kann sich nicht entscheiden.
Er möchte gern im Schwimmbad das Seepferdchen machen.
Aber im Schulgarten könnte er lernen, wie man Pflanzen pflegt.
Das wäre auch toll.

2 Welches Projekt hat sich Senta ausgesucht?

☐ Senta hat sich „Tiere auf vier Pfoten“ ausgesucht.

☐ Senta hat sich „Pfeil und Bogen“ ausgesucht.

3 Was möchte Emre lernen? Schreibe ins Heft.

4 Bei welchem Projekt würdest du gern mitmachen? Warum?

____
Unterschrift Partnerkind

Qu qu

Datum: ______________

1

2 Die Qualle Quaki quasselt gern mit Kaulquappen. So ein Quatsch!

3

Qu Qu

qu qu

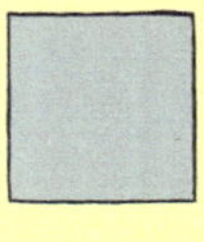 das Quadrat

 quaken

4

Datum: ____________

1

Qu

2

der Quirl

die Quelle

das Quartett

der Quark

3

Quatsch

Quark

Qu qu

Datum: ____________________

1 **Ja oder nein?**

	ja	nein
Leben Fische manchmal im Aquarium?	☐	☐
Ist ein Quadrat immer rot?	☐	☐
Kann man Quark essen?	☐	☐
Ist eine Querflöte ein Instrument?	☐	☐
Sind Quietscheenten quadratisch?	☐	☐
Sind Kaulquappen junge Frösche?	☐	☐

2

☐ Quentin quetscht den Schwamm aus.

☐ Quentin quatscht mit Levi.

☐ Quentin spielt auf der Querflöte.

☐ Im Aquarium schwimmt Quark.

☐ Im Aquarium ist Qualm.

☐ Im Aquarium sind Quallen.

Datum: ____________

1 Spielezeit

Die Kinder wollen Memo-Quiz spielen.
Leon mischt die Karten.
Dann legen alle die Karten
kreuz und quer auf den Tisch.
Nun müssen die Kinder Paare finden.

Leon dreht zwei Karten um.
Qualm und Quark passen nicht zusammen.
Anna hat zwei Mal die Qualle gefunden.
Super! Sie ist noch einmal dran.

Am Ende gewinnt Anna.
Sie hat die meisten Paare gefunden.
Nun wollen alle Quartett spielen.

2 Wie legen die Kinder die Karten auf den Tisch?

- [ ] Die Kinder legen die Karten nebeneinander auf den Tisch.
- [ ] Die Kinder legen die Karten kreuz und quer auf den Tisch.
- [ ] Die Kinder legen die Karten im Quadrat auf den Tisch.

3 Warum ist Anna die Gewinnerin?
Schreibe ins Heft.

4 Was spielst du gern? Warum?

____
Unterschrift Partnerkind

Datum: ____________

1

Das ß zischt wie eine Schlange.

Grüße

heiß

süß

weiß

2

Wir spielen draußen Fußball.
Das macht uns großen Spaß.

3

ß ß

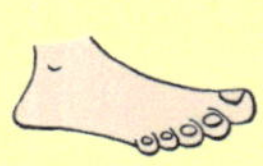
der Fuß

die Straße

groß

4

169

ß motorisch erfassen, visuell diskriminieren und schreiben
Wörter mit ß schreiben
2 Sätze lesen und abschreiben

Fö 187, 194

Datum: ______________

1

grü

bei

gie

schie

flie

ßen

grüßen

2

Fußball macht vielen Kindern Spaß.

Wenn es schneit, ist die Straße weiß.

Lena soll Oma von Mama grüßen.

Mein großer Bruder heißt Ole.

C c

Datum: ______________

1

2

Luca und Caro lernen am Computer.
Clara liest lieber einen Comic.

3

C c C c

der Computer

der Cent

der Clown

4

171

C/c motorisch erfassen, visuell diskriminieren und schreiben
Wörter mit C/c schreiben
2 Sätze lesen und abschreiben

Fö 188, 195

1

- ◯ eine runde Scheibe, von der man Musik hören kann
- ◯ ein Auto, bei dem man das Dach öffnen kann
- ◯ ein Mädchenname
- ◯ eine Geldmünze

2

Computer

Am Computer kannst du schreiben
und du kannst die Schrift gestalten.

Caro hat eine Geschichte geschrieben
und Nicolai hat eine coole Schrift ausgesucht.

Du kannst im Internet Informationen finden.
Luca hat zu Euro und Cent geforscht.

Am Computer kannst du auch Spiele spielen.
Cleo spielt am liebsten Actionspiele.

3

Was machst du gern am Computer?
Was weißt du über Computer?

Unterschrift Partnerkind

Y y

Datum: ______________

1

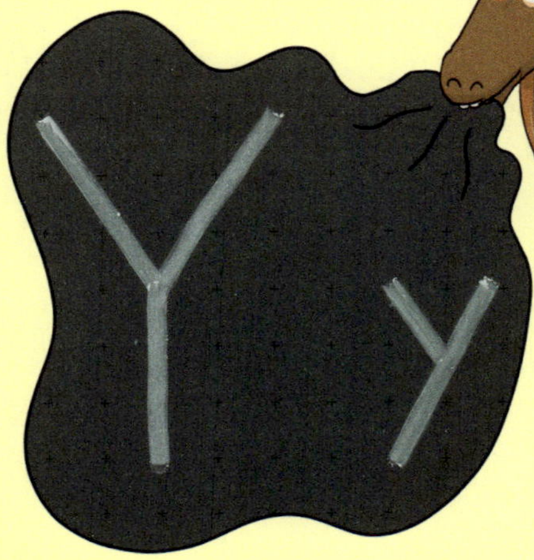

2

Yvonne macht Yoga. Lydia hat ein Pony.
Was ist dein Hobby?

3

Y ... Y

y ... y

das Baby

der Zylinder

4

173

Y/y motorisch erfassen, visuell diskriminieren und schreiben
Wörter mit Y/y schreiben

2 Sätze lesen und abschreiben

Fö 189 - 191, 196

Datum: ____________

1

Yak,
Pyramide,
Teddy.

Y klingt am Anfang eines Wortes
oft wie j, in der Mitte wie ü,
am Ende wie i.

 Yoga

 Baby

 Yeti

 Pyjama

 Handy

 Olympia

Y wie in Yak 	y wie in Pyramide 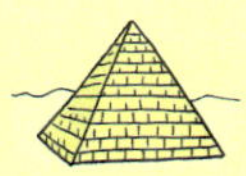	y wie in Teddy 
Yoga		

2

Ein Wort mit verschiedenen Bedeutungen
nennt man auch Teekesselchen.
Welches Teekesselchen ist hier gemeint?
Es ist ein kleines Pferd. Es ist auch eine Frisur.

____

X x

Datum: ______________

1

2

Hexe Xixi liest im Hexenlexikon:
Pixi paxi Xylofon, sei sofort ein Saxofon!

3

X x X x

die Hexe

das Taxi

das Lexikon

4

176

X/x motorisch erfassen, visuell diskriminieren und schreiben
Wörter mit X/x schreiben
2 Sätze lesen und abschreiben

Fö 203

Datum: ______________

1 Aus einem Kinderlexikon

Xylofon

Das Xylofon ist ein Schlaginstrument.
Es wird aus Holz gebaut.
Mit einem Schlägel
schlägt man auf Holzstäbe.
Das Xylofon wurde
in Asien erfunden.

2 Das Xylofon spielt man mit einem ...

- [ ] ... Schlüssel.
- [ ] ... Schlägel.

3 Wo wurde das Xylofon erfunden?

Schreibe ins Heft.

4 Sucht einen interessanten Text in einem Lexikon oder im Internet.

____
Unterschrift Partnerkind

ng

Datum: ______________

1

ng

Junge

singen

eng

Ring

Schlange

2

Die Schlangen springen durch enge Ringe und kringeln sich um eine Stange.

3

ng ng

der Junge

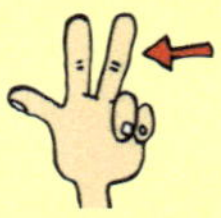

der Finger

singen

4

178

ng motorisch erfassen, visuell diskriminieren und schreiben
Wörter mit ng schreiben
2 Satz lesen und abschreiben

Datum: ______________

1

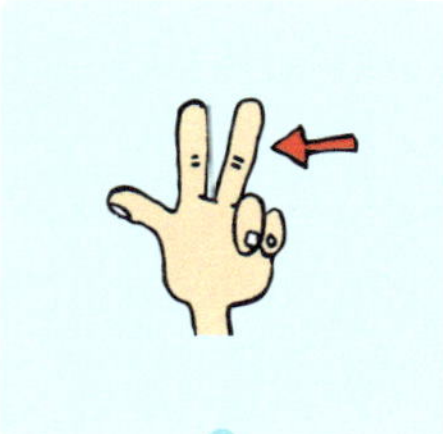    

Junge	Finger	Klingel	Schlange	Engel

2

Die Zwillinge

Erik und Inga sind Zwillinge.
Heute sind sie zusammen mit dem Rad unterwegs.
Sie singen und klingeln um die Wette.
Dann fällt Erik über einen großen Stein.
Er blutet am Finger.
Der Reifen ist auch kaputt.
Inga springt schnell vom Rad und rennt zu Erik.
Zusammen bringen sie die Räder nach Hause.

3 Erik und Inga sind ...

- [ ] ... Freunde.
- [ ] ... Zwillinge.

4 Erik fällt über einen großen Stein. Was passiert?
Schreibe ins Heft.

tz

Datum: ______________

1

putzen

Witz

spitz

Platz

sitzen

2

Die Katze sitzt auf dem Sofa.
Sie putzt sich ihre Tatze.

3

tz tz

der Satz

der Schatz

sitzen

4

180

tz motorisch erfassen, visuell diskriminieren und schreiben
Wörter mit tz schreiben
2 Sätze lesen und abschreiben

1

der
die
das

die Katze   platzen   die Glatze   anspitzen

schwitzen   die Spritze   die Pfütze   sitzen

die Katze

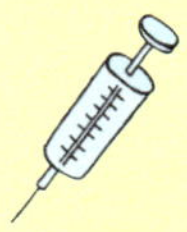

2

Die Katze hebt ihre Tatze.

Die Kinder schreiben Sätze.

Der Hund sitzt in der Pfütze.

Frau Watzmann macht Witze.

ck

Datum: ______________

1

ck

Ecke

backen

Rücken

dreckig

Glück

2

Die dicke Schnecke kriecht über die Decke.
Im Rucksack findet sie Zucker. Lecker!

3

ck ck

der Rock

der Zucker

backen

4

182

ck motorisch erfassen, visuell diskriminieren und schreiben
Wörter mit ck schreiben

2 Sätze lesen und abschreiben

Datum: ______________

1 der die das

die Jacke   pflücken   packen   die Brücke

backen   der Wecker   die Glocke   stricken

 die Jacke

 ______________

 ______________

 ______________

 ______________

 ______________

 ______________

 ______________

2

Die Schnecke schaut um die Ecke.

Opa strickt warme Socken.

Meine Mückenstiche jucken.

Moritz hat schöne Locken.

nk

Datum: ______________

1

dunkel

Onkel

trinken

krank

2

Onkel Frank ist krank. Er hat Husten und Schnupfen und muss viel trinken.

3

nk nk

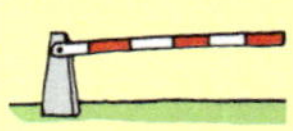 die Schranke

 winken

 trinken

4

nk motorisch erfassen, visuell diskriminieren und schreiben
Wörter mit nk schreiben
2 Sätze lesen und abschreiben

Datum: ____________

1

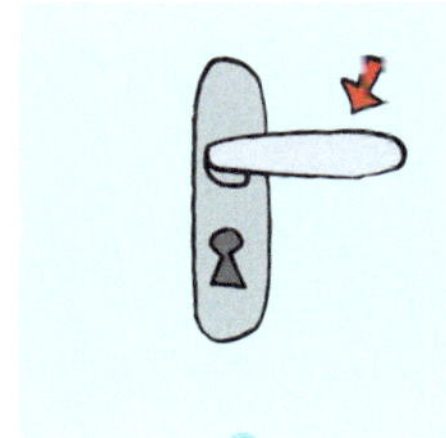

Anker	Klinke	trinken	winken	schenken

2

- Frankreich
- Deutschland
- Türkei
- Russland

3

Inka aus Deutschland sagt ____________.

Kaya aus der Türkei sagt ____________.

Sascha aus Russland sagt ____________.

Marie aus Frankreich sagt ____________.

Das kann ich jetzt

Datum: ____________

Mein schönster Buchstabe:

Meine schönsten Wörter:

Diese schwierigen Wörter kann ich schreiben:

Datum: ______________

Meine schönsten Sätze:

Floras Grundwortschatz

Wörter mit

G g 

der Berg
die Burg
die Gabel
der Garten
gelb
das Geld
die Giraffe
geben
gehen
der Igel
legen
der Regen
sagen
das Segel
tragen

Wörter mit

Z z 

ganz
schwarz
das Zimmer
der Zoo
zu
zum
zusammen
zwei

Wörter mit

Eu eu 

die Eule
der Euro
die Freude
der Freund
heute
die Leute
neu
neun

Wörter mit

ch  

acht
auch
der Bauch
das Buch
doch
ich
kochen
der Kuchen
lachen
das Licht
machen
die Milch
nach
die Nacht
nicht
noch
suchen
die Woche

Wörter mit

ie 

die Biene
der Brief
der Dieb
die
fliegen
lieber
sie
sieben
wieder
die Wiese
die Ziege
die Zwiebel

Wörter mit

Sp sp 

spazieren
spielen
die Spinne
der Sport
sprechen

Wörter mit

St st 

der Stein
stehen
der Stern
der Stift
still

Wörter mit

J j 

ja
der Januar
jeder
der Juli
der Juni

Wörter mit

V v  

der November
der Vampir
die Vase
der Vater
viele
vier
der Vogel
von

Wörter mit

Ö ö 

die Flöte
hören
die Königin
können
der Körper
schön

Wörter mit

Ü ü 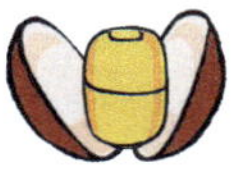

blühen
die Blüte
der Flügel
fünf
das Gemüse
grün
müde
müssen
üben

Wörter mit

Ä ä 

die Äste
die Bälle
die Hände
der Käfer
der Käse
das Mädchen
der März

Wörter mit

äu 

die Bäume
die Häuser
die Mäuse

Wörter mit

Pf pf 

der Apfel
der Kopf
das Pferd
die Pflanze
die Pflaume
pflegen

Wörter mit

Qu qu 

das Quadrat
quaken
der Quark
der Quatsch

Wörter mit

ß

fließen
der Fuß
groß
heiß
weiß

Wörter mit

C c  

der Cent
der Clown
der Computer

Wörter mit

Y y 

das Baby
das Pony
der Teddy

Wörter mit

X x 

die Hexe
das Lexikon

Wörter mit

ng

bringen
eng
der Junge
der Finger
der Ring
die Schlange
singen
springen

Wörter mit

tz

die Katze
putzen
der Satz
der Schatz
sitzen

Wörter mit

ck

backen
lecker
packen
der Rock
der Rücken
der Zucker

Wörter mit

nk

die Bank
danke
denken
dunkel
krank
der Onkel
schenken
trinken

Abbildungen

|Broska, Elke, Wiesbaden: 22, 26. |Klexikon © Ziko van Dijk: 34. |Loewe Verlag GmbH, Bindlach: Der Mondscheindrache von Cornelia Funke 19. |Picture-Alliance GmbH, Frankfurt/M.: akg images 59. |Rowohlt Verlag GmbH, Hamburg: 34. |Schmidt Spiele GmbH, Berlin: © DREI MAGIER 34. |Tulipan Verlag GmbH, München: Gudrun Likar und SaBine Büchner: Prinzessin Fibi und der Drache 19.

Druck A[7] / Jahr 2026
Alle Drucke der Serie A sind im Unterricht parallel verwendbar.

Redaktion: Cora Lange, Katrin Teschner
Illustrationen: Anke am Berg, Bernau bei Berlin; Antje Hagemann, Berlin; Karoline Kehr, Hamburg; Visuelle Lebensfreude, Hannover; Illustration Lautgebärden: Gisela Fuhrmann, Hannover; Illustration Antolin-Rabe: Iris Blanck, Hamburg
Buchstabenfotos: kyas photography, Hannover
Umschlaggestaltung: Jennifer Kirchhof, Braunschweig, unter Verwendung eines Schriftzugs von Gingco, Braunschweig, und einer Illustration von Karoline Kehr, Hamburg
Layout: Visuelle Lebensfreude, Hannover
Druck und Bindung: Westermann Druck GmbH, Georg-Westermann-Allee 66, 38104 Braunschweig

ISBN 978-3-14-**104010**-4